Margarida Botelho

Os Lugares de Maria

Ilustrações da autora

Prêmio Literatura para a infância, Almada (Portugal), 2004.
Recomendado pela Gulbenkian.

Dados Internacionais de Catalogação na Publicação (CIP)
(Câmara Brasileira do Livro, SP, Brasil)

Botelho, Margarida
    Os lugares de Maria / Margarida Botelho ; [ilustrações da autora]. – São Paulo : Paulinas, 2011. – (Coleção além-mar. Série contos contados)

    ISBN 978-85-356-2741-1

    1. Contos - Literatura infantojuvenil   I. Título.   II. Série.

11-01294   CDD-028.5

Índices para catálogo sistemático:
1. Contos : Literatura infantil   028.5
2. Contos : Literatura infantojuvenil   028.5

1ª edição – 2011
2ª reimpressão – 2014

Revisado conforme a nova ortografia.

Título original da obra: *Os lugares de Maria*
© Abril 2005, Instituto Missionário Filhas de
São Paulo – Prior Velho (Portugal)

Direção-geral: *Flávia Reginatto*

Editora responsável: *Maria Alexandre de Oliveira*

Assistente de edição: *Rosane Aparecida da Silva*

Copidesque: *Ana Cecilia Mari*

Coordenação de revisão: *Marina Mendonça*

Revisão: *Mônica Elaine G. S. da Costa*

Direção de arte: *Irma Cipriani*

Assistente de arte: *Sandra Braga*

Gerente de produção: *Felício Calegaro Neto*

Produção de arte: *Telma Custódio*

Capa e ilustrações: *Margarida Botelho*

Nenhuma parte desta obra pode ser reproduzida ou transmitida por qualquer forma e/ou quaisquer meios (eletrônico ou mecânico, incluindo fotocópia e gravação) ou arquivada em qualquer sistema ou banco de dados sem permissão escrita da Editora. Direitos reservados.

Paulinas
Rua Dona Inácia Uchoa, 62
04110-020 – São Paulo – SP (Brasil)
Tel.: (11) 2125-3500
http://www.paulinas.org.br – editora@paulinas.com.br
Telemarketing e SAC: 0800-7010081
© Pia Sociedade Filhas de São Paulo – São Paulo, 2011

À Tai,
que me abriu as portas dos livros,
das histórias, da imaginação...

Maria tinha seis anos e ia entrar para a escola
nesse ano, mais precisamente, dentro de uma semana.
Maria já sabia o que era uma semana
e quantos dias tinha.
Também sabia as horas, os minutos e os segundos
que cada hora guardava.
Já há algum tempo que sabia contar.
E aprendera com a mãe a fazer pequenas contas,
como gente grande!

A mãe de Maria sentia-se muito orgulhosa.
Ela era uma mulher de números, que transformava tudo
em maravilhosos cálculos matemáticos.
E achava que seria bom para o mundo
que todas as coisas se pudessem quantificar,
até mesmo as emoções e as cores!

O pai de Maria era um homem de letras.
Gostava das palavras, das histórias.
Respondia às perguntas de Maria, que era muito observadora,
curiosa, e queria compreender o que significavam as coisas,
os lugares, os nomes.
O pai e a tia de Maria costumavam dizer:
— Um dia ainda teremos uma grande detetive na família.
Maria ria às gargalhadas e começava logo
a imitar uma perseguição a um grande criminoso
que fugia à frente dela.

Maria achava que os nomes estavam associados
às características das pessoas.
Por exemplo: um dia o pai contou uma história antiga
de uma outra Maria, que foi uma Mãe
muito importante. E a partir desse momento
o nome Maria começou a significar Mãe.
Ela própria gostava muito de bebês.
E era uma espécie de mãe adotiva de Zarolho,
que era o gato da tia.

A tia também se chamava Maria,
mas não era só Maria como a Maria,
tinha também Saudade junto: Maria da Saudade.
Era uma espécie de mãe com saudades, e, realmente,
devia ter muitas, porque passava os dias a suspirar.
Fazia sentido!
Das Marias que conhecia, havia uma
que despertava em Maria muita curiosidade:
a Maria dos Anjos, sua babá e vizinha.
Era com ela que Maria e mais três
meninos pequeninos ficavam,
até os pais virem do trabalho, todos os dias.

Maria observava Maria dos Anjos e pensava que
tal nome não fazia sentido, naquela pessoa.
Já sabia o que eram anjos, porque a mãe lhe
tinha comprado uns muito redondinhos e amarelos,
que brilhavam no escuro, à noite.
No dia em que os colou no teto do quarto,
a mãe disse-lhe que os anjos eram meninos
que vivem no céu. E que tomavam conta
dos meninos que vivem na terra.
Mas Maria olhava para a babá e não via nada
que se parecesse com as figuras coladas no teto.
— Talvez ela seja um anjo mais velho que,
por ser tão velho, já lhe tenham caído
as asas; e que o amarelo dos cabelos
também já tenha desaparecido — pensava Maria,
tentando entender.

Também se lembrou de que a Maria dos Anjos
podia ser a mãe de todos os anjos que andam por aí,
o que, segundo as suas contas, eram mais de cem!
Como é que ela teria tempo para cuidar de
tantos filhos? E, não tendo asas, como voaria até o céu?
Maria conseguia passar horas a olhar para a babá,
que acabava por ficar muito nervosa:
— Nunca vi uma criança assim. Em vez de brincar,
põe-se a olhar para mim! Tenho de falar com os pais dela.
Mas nunca falava, ou por ser muito esquecida,
ou por ter, talvez, uma relação qualquer
com os anjos e o céu.
Às vezes até se esquecia do nome da Maria,
que era exatamente igual ao seu!

Maria sempre esteve rodeada de Marias,
ou seja, de muitas mães.

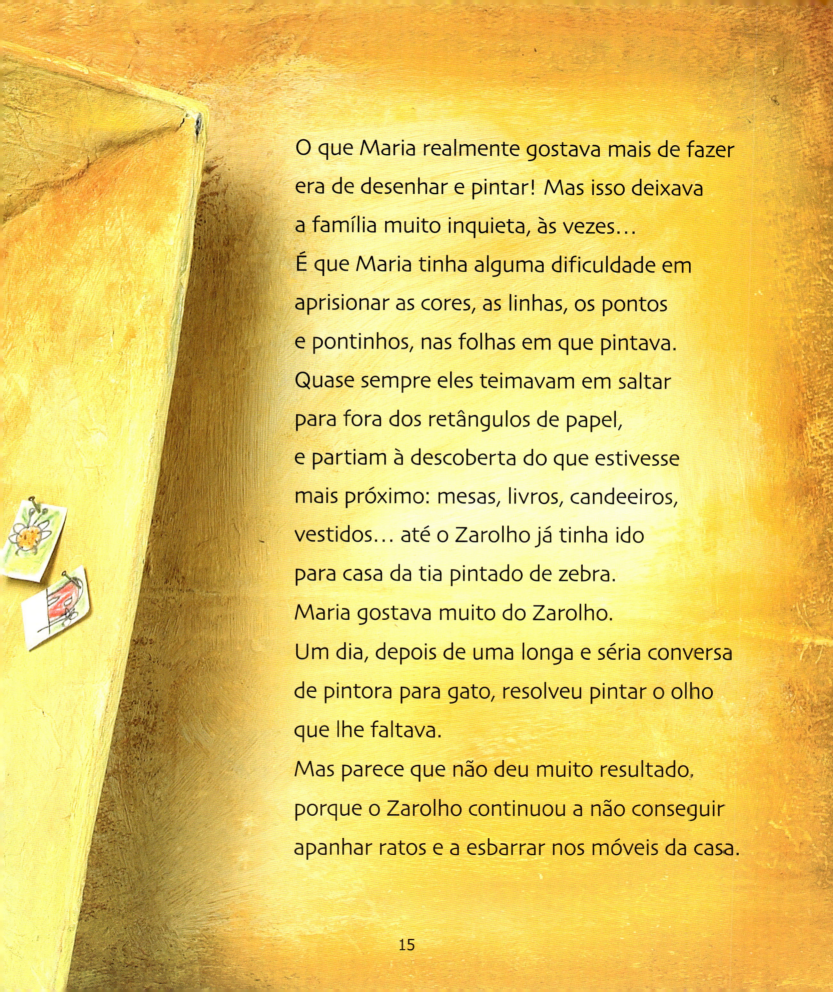

O que Maria realmente gostava mais de fazer
era de desenhar e pintar! Mas isso deixava
a família muito inquieta, às vezes…
É que Maria tinha alguma dificuldade em
aprisionar as cores, as linhas, os pontos
e pontinhos, nas folhas em que pintava.
Quase sempre eles teimavam em saltar
para fora dos retângulos de papel,
e partiam à descoberta do que estivesse
mais próximo: mesas, livros, candeeiros,
vestidos… até o Zarolho já tinha ido
para casa da tia pintado de zebra.
Maria gostava muito do Zarolho.
Um dia, depois de uma longa e séria conversa
de pintora para gato, resolveu pintar o olho
que lhe faltava.
Mas parece que não deu muito resultado,
porque o Zarolho continuou a não conseguir
apanhar ratos e a esbarrar nos móveis da casa.

Maria também gostava muito dos três meninos
que ficavam com ela em casa de Maria dos Anjos.
Mas eles eram demasiado pequeninos para brincarem
com ela. A única coisa que podia fazer era pintá-los.
Pegava nos pincéis e desenhava cidades inteiras nas
suas barrigas branquinhas e lisinhas.
Infelizmente estas pinturas não duraram muito tempo:
Maria dos Anjos não gostou mesmo nada quando
as descobriu, e os pais dos meninos a interrogaram
sobre aquelas barrigas coloridas!

Para Maria, Mãe significava miminhos, números e... peixe.
Pai significava bigode, beijinhos, palavras e sorvete de morango.
Tia significava suspiros, gato, domingo.
Zarolho significava sem olho.
Maria ficava muito feliz quando os cinco estavam juntos:
ela, a mãe, o pai, a tia e o Zarolho.
E isso acontecia todos os domingos.
Era também nesse dia que se passava aquela coisa
de que ela não gostava nada!

— Não, não quero e pronto!
Maria, sentada à mesa, olhava para o prato
e repetia a mesma frase vezes sem conta.
Depois, fechava os olhos, apertava com muita força
as mãos pequeninas e fingia que não estava ali.
Amuava, como dizem as pessoas.
Maria amuava sempre aos domingos,
à mesma hora e no mesmo lugar.
A causa da má disposição da Maria era o almoço,
ou melhor, o peixe cozido com grão e brócolis.
Se pudesse, ela faria desaparecer do mundo
este conjunto de alimentos.
Mas, como não podia, amuava,
com todas as forças que tinha.

A mãe ou a tia tentavam convencê-la da qualidade
do almoço que tinha à sua frente.

— O peixe faz bem ao cérebro, torna as pessoas
mais inteligentes — dizia a mãe, com voz meiga.

E logo continuava a tia:

— E faz as meninas ficarem mais bonitas...

— Mas por que acontece isto todos os domingos?

— concluía, irritado, o pai.

Maria já não os ouvia. Estava numa espécie de
estado neutro, e era como se ali não estivesse.

Ela sabia que a sua atitude deixava a família muito
nervosa e impaciente. Mas o que poderia fazer?

Não gostava de peixe e muito menos daquele:
enorme e cheio de espinhas escondidas.

Por isso, Maria odiava os almoços de domingo
e fazia tudo para nem sequer se sentar à mesa.

— Dói-me a barriga! — tentava.

E se não resultasse:

— Doem-me os olhos, o nariz, o pé direito, o pescoço...

E assim continuava até ouvir uma ordem, bem clara:

— Cala-te, Maria. E senta-te imediatamente,
por favor!

Depois, lá prosseguia a mãe com a história dos
meninos pobrezinhos, coitadinhos, que não têm
o que comer. E que ela devia ficar muito feliz por
ter peixe com fartura...

Pois era exatamente isso que não a deixava nada,
mas nada mesmo satisfeita.

Naquele domingo tudo corria como era habitual:
as desculpas, o peixe, a tia mais as meninas bonitas,
a mãe mais a inteligência, mais o cérebro,
mais os pobrezinhos,
o amuo...

Então, algo de diferente aconteceu.

Quando ela amuou, a mãe levantou-se da mesa

tão rapidamente, que Maria não percebeu

como é que ela conseguiu fazer aquilo!

Abriu muito a boca, franziu os olhos cor de mel

e encheu a sala com a sua voz:

— Não quero saber de mais amuos. A partir de hoje,

sempre que fingires que não estás cá, vais de castigc

para o teu quarto!

Ao mesmo tempo que lhe saíam da boca

estas enormes palavras, o braço estendido

apontava na direção do quarto.

Maria olhou para o pai e tentou falar-lhe,

mas sem palavras.

O pai, carinhosamente, respondeu com calma:

— Maria, já tínhamos conversado sobre isto...

Tu já tinhas compreendido que não há razão

para amuares, à hora do almoço.

Em seis anos de vida,
Maria nunca tinha ficado de castigo, assim,
desta maneira: fechada no quarto, nunca!
Mal a porta se fechou, a sua reação foi de
grande alívio porque já não tinha de comer
aquele peixe horroroso.
Mas, pouco depois, começou a sentir-se um
bocadinho sozinha. E também um pouco triste
porque ouvia as vozes lá fora, como se nada
tivesse acontecido!
Maria estava a viver uma situação
completamente nova e inesperada.
Nunca se tinha sentido presa e, agora,
tinha à sua volta quatro enormes paredes
e uma porta fechada. Não sabia o que fazer.
Sentou-se no seu lugar preferido: o chão,
junto à janela.

Apertou as mãos pequeninas e disse, baixinho:

— Tenho de fazer qualquer coisa. Não posso ficar aqui,

para sempre!

Maria estava habituada a brincar com amigos

da imaginação e, claro, com o gato Zarolho.

Os amigos imaginários dão muito jeito

porque estão sempre disponíveis.

Quando chove, não têm de ficar em casa como a Maria.

Não recebem castigos.

Não ficam constipados nem com dores de barriga.

E, o mais importante de tudo: vêm logo a correr,

quando os chamam.

Aquela era uma situação em que precisava muito deles.

Pelas portas e janelas da imaginação, apareceram
o Óscar e o Basílio. Mas depressa se cansou deles.
Naquele dia, por alguma razão, estavam muito aborrecidos.
O Óscar teimava em brincar de bombeiro, e o Basílio
meteu na cabeça que queria, porque queria, ir brincar
lá para fora, de piquenique.
— Não vês que as portas e janelas de onde vocês vieram
são muito apertadas para mim? Não consigo passar!
— explicava Maria, já sem muita paciência.
Após duas simulações de fogo imaginado e um piquenique
adaptado para quartos, Maria inventou uma festa
na casa da Maria dos Anjos e mandou-os para lá.
Ficou novamente sozinha no quarto que lhe parecia
cada vez menor e mais fechado.
Encostou o ouvido à porta, mas já não ouvia vozes.
Se calhar, tinham já saído!

Então, Maria lembrou-se
dos passeios de domingo no jardim,
do gato Zarolho a correr
atrás das libelinhas,
do sorvete de morango,
dos livros da mãe cheios de contas,
espalhados na relva.
E quanto mais se lembrava,
mais triste ficava.

De olhos fechados, resolveu desenhar tudo
o que estava a pensar.
Foi buscar a enorme caixa de guaches
que a tia lhe tinha oferecido no Natal.
Depois, tirou do armário algumas folhas brancas
e começou.
Primeiro pintou a relva. E logo uma mancha
enorme de verde se espalhou pela folha
e pelo resto do chão do quarto. Como
a relva é fresquinha, misturou os guaches
com muita água. O pigmento diluía-se
pelos tacos de madeira e pelo tapete.
Maria rebolava na relva que pintava.
Pintou também a família, sorvetes e o Zarolho.
Maria estava novamente feliz.
E preparava-se para comer dois sorvetes
ao mesmo tempo...

… quando a porta do quarto-jardim se abriu.
— Maria! — gritou a mãe.
Maria adivinhou, no tom de voz da mãe,
a zanga que aí vinha; e tentou que o jardim
saísse rapidamente do quarto.
Mas a relva estava em todo lado e também
na própria Maria. Quanto mais tentava que
ela desaparecesse, mais a relva espreitava,
fresquinha: no roupeiro, nos vestidos pendurados,
na mesa, nos livros sobre a mesa…

A zanga crescia na mãe, misturada com o espanto:

— Mas... Maria, o que é que estás a fazer?

Não valia a pena! Não conseguia tirar o jardim do quarto.

Desolada, apertou as mãos verdes, pequeninas.

E ficou à espera.

A mãe foi libertando a zanga e Maria ouviu tudo,

com o coração tão apertado como as mãos.

Depois, já sem a zanga, conversaram as duas

sobre o futuro do quarto.

A mãe ensinou a tirar a relva dos vestidos e dos livros.

E Maria aprendeu que havia lugares próprios

para a relva crescer.

Não podia deixá-la à solta, nem mesmo no seu quarto.

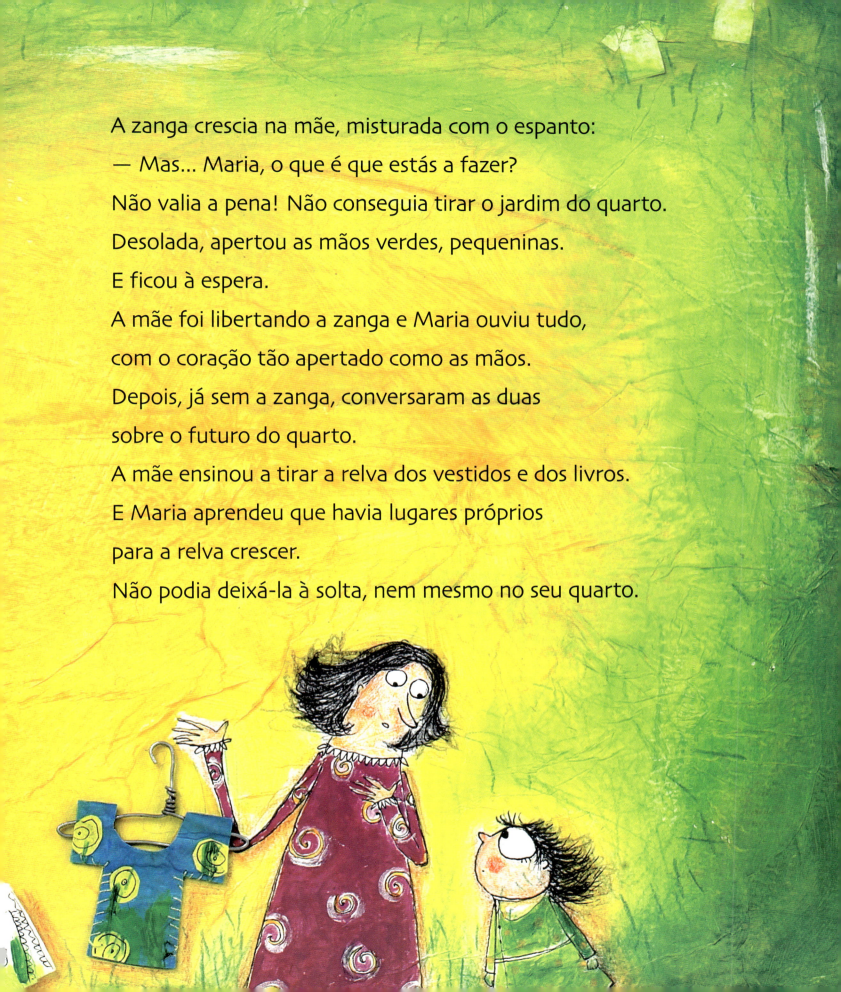

A partir desse dia, o quarto transformou-se.
Maria descobriu como naquele espaço, com a ajuda
de uns tubos de tinta, de pincéis, de papel,
poderia viajar.
E visitar todos os lugares que já existem
e outros que ainda estão por existir.
Depois, contava aos outros as viagens,
e descrevia os pormenores dos lugares fantásticos
em que o quarto se transformava!
A família foi-se habituando às histórias
das descobertas marítimas, terrestres
e aéreas de Maria.

Nunca ia sozinha.

Levava sempre o Zarolho, também ele muitas vezes transformado noutros animais: nadadores, rastejantes e voadores.

O Óscar só ia se os lugares fossem quentes.

O Basílio acompanhava Maria, se houvesse piqueniques com tortas de fruta.

Os lugares começaram a ser muitos e cada vez mais distantes. Maria pensou que o melhor era guardá-los em caixas, para não os perder.

E também para poder voltar, sempre que quisesse.

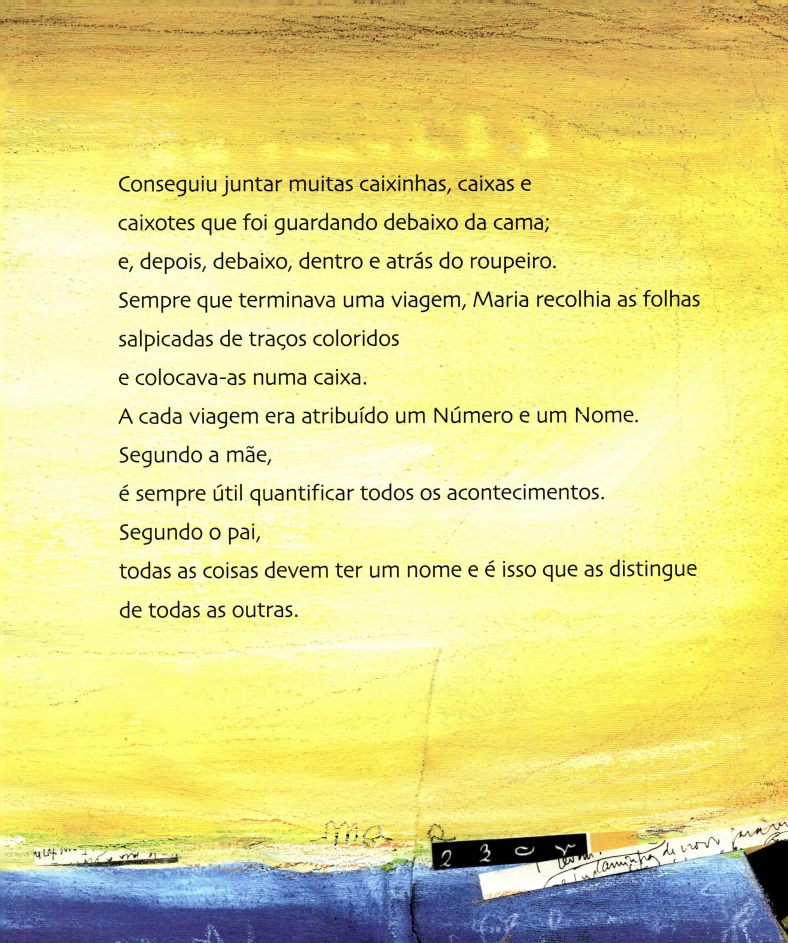

Conseguiu juntar muitas caixinhas, caixas e
caixotes que foi guardando debaixo da cama;
e, depois, debaixo, dentro e atrás do roupeiro.
Sempre que terminava uma viagem, Maria recolhia as folhas
salpicadas de traços coloridos
e colocava-as numa caixa.
A cada viagem era atribuído um Número e um Nome.
Segundo a mãe,
é sempre útil quantificar todos os acontecimentos.
Segundo o pai,
todas as coisas devem ter um nome e é isso que as distingue
de todas as outras.

Embora Maria já soubesse escrever números muito grandes e complicados para seis anos de vida, só sabia escrever palavras muito pequenas e simples. Por isso, inventou um código de símbolos que misturava com as letras que conhecia. Assim formava palavras novas, que só ela compreendia.

Cada palavra tinha letras e desenhos. Com este novo alfabeto, Maria conseguia escrever e ler todos os nomes que lhe pareciam corretos para identificar cada viagem.

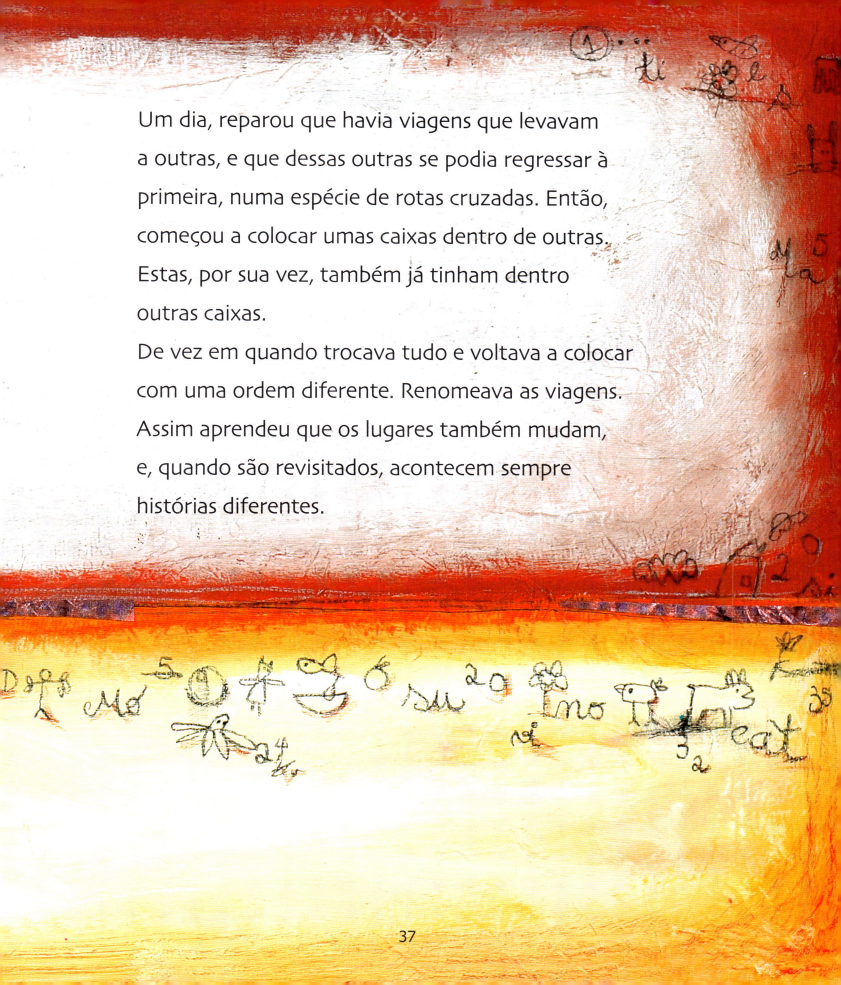

Um dia, reparou que havia viagens que levavam a outras, e que dessas outras se podia regressar à primeira, numa espécie de rotas cruzadas. Então, começou a colocar umas caixas dentro de outras. Estas, por sua vez, também já tinham dentro outras caixas.

De vez em quando trocava tudo e voltava a colocar com uma ordem diferente. Renomeava as viagens. Assim aprendeu que os lugares também mudam, e, quando são revisitados, acontecem sempre histórias diferentes.

Os lugares tinham tempos próprios.
E por causa disso, em cada caixa,
Maria desenhava um relógio.
Na caixa ✎ não havia
horas nem minutos, só segundos;
era um lugar onde o tempo passava
sempre a correr.
Na caixa ✎ só havia
manhãs, não havia tardes, nem noites;
era um lugar em que o sol só gostava
de nascer.
Na caixa ✎ não havia
semanas, só fins de semana; e todas
as feiras eram no sábado e no domingo.

Os lugares também tinham climas diferentes,
que Maria distinguia com as cores que utilizava.
Na caixa 🔣 estava sempre a chover;
e, embora houvesse cores, estavam diluídas
na água da chuva.
A caixa 🔣 era muito ventosa;
por isso as cores andavam sempre entrelaçadas
umas nas outras, numa grande confusão.
Na caixa 🔣 havia muito calor;
e as cores tinham-se derretido como
um grande sorvete com muitos sabores.
Mas algumas não se derretiam
e ficavam bronzeadas, para inveja das outras…

Depois de ter criado mais de oitenta e seis
inesperados lugares, Maria chegou à conclusão
de que as folhas de papel eram demasiado
planas e leves.

Os lugares que criara precisavam de matéria,
de volume.

Começou por recolher todos os objetos do quarto,
que lhe pareciam inúteis: jogos em que faltavam
peças, bonecas sem cabeça, lápis partidos,
anjos que já não colavam no teto…

Mais tarde, esta recolha estendeu-se
para as outras divisões da casa.
Mas essa situação teve de ser discutida
em reunião de família!

Depois de os observar cuidadosamente,
dividia os objetos recolhidos em vários grupos,
segundo as necessidades de cada lugar, de cada caixa.
Havia alguns que retransformava por completo;
havia outros que desmontava
para voltar a construir com outra estrutura,
mais de acordo com a sua nova função.

A caixa 34 ter 💡🌞🏠
representava uma viagem a uma caverna
muito escura, mas muito bonita,
em algum lugar, no centro da terra.
Sempre que Maria visitava este lugar
tinha dificuldade em ver os seus tesouros.
Por isso transformou um policial de trânsito sem cabeça
★ numa lanterna potente!

Quando Maria viajava até a caixa 53∞ Bb∞,
um lugar muito calmo no fundo do mar,
tinha sempre alguma dificuldade em chegar.
Logo, Maria adaptou dois tabuleiros de jogos,
que rapidamente se transformaram
em duas longas barbatanas.

Na caixa 18 🐪🌱⌂👼 vivia uma palmeira
que sofria de solidão crônica,
porque estava sozinha num grande deserto.
Então, Maria enviou para aquela caixa inóspita
alguns dos anjos luminosos
que a mãe lhe tinha dado;
a palmeira curou-se e nunca mais sofreu.

Como tinha o Espaço e o Tempo arrumados
dentro de caixas, era fácil deslocar-se
com os seus mundos.
Foi assim que as caixas, umas maiores,
outras menores, umas mais pesadas,
outras mais leves, começaram a sair debaixo da cama
e detrás do armário.
Chegaram à rua e, finalmente, à escola.
Na escola, lógico, todos queriam abrir as caixas
ao mesmo tempo. Mas Maria ia explicando com
muita calma que existiam regras,
como se fosse um jogo.

1. Só se pode abrir uma caixa de cada vez.
É perigoso abrir várias ao mesmo tempo, porque
existem lugares que estão zangados uns com os outros.
Há mundos que se anulam e se destroem,
acabando algum deles por desaparecer.
E seria muito triste perder um lugar para sempre...

2. Os grupos de viajantes nunca podem ser
muito numerosos. Os lugares estão habituados
a se comunicar unicamente com a Maria, o Zarolho,
o Óscar e o Basílio.
Por isso, podem assustar-se e as caixas, fecharem-se.
E depois será muito difícil tirar os viajantes lá de dentro...

3. As viagens nunca podem durar muito tempo.
Os lugares ficam tristes quando as pessoas
vão embora.
Têm saudades como a tia da Maria e, depois, suspiram...

Maria divertia-se muito com as suas caixas,
que passaram a ser um pouco de todos aqueles
que as abriam. E com o passar dos tempos,
com tantas visitas, os lugares também se transformaram.
Qualquer pessoa podia acrescentar um traço novo,
uns salpicos de tinta, um objeto.
Na escola, as caixas de Maria não ficaram no pátio.
Entraram na sala de aula.
E foi assim que a Maria e os seus colegas
aprenderam a escrever.

Desenhavam a escrita do nome correto e complicado de cada lugar. Não precisavam utilizar os símbolos, inventados no início.

Naquela escola, naquela sala, escreveram muitas palavras difíceis. E depois foram colocadas ao lado de palavras mais simples.

E, no final, todas juntas, contavam as histórias dos Lugares de Maria.

Muitas histórias já foram escritas,
mas muitas mais estão ainda por escrever.